à R

ces chemins de
vies, ces chemins
de poésie
que nous parcourons
et sur lesquels
nous nous croisons

[illegible]

le 10 mars 2013

www.tripadour.com

ISBN : 978-2-36776-009-4
EAN : 9782367760094

Le dessin de la 1ère de couverture est de
Maryline Verron

La photo de la 4ème de couverture est de
Isabelle Roche

Merci Maryline !
Merci Isabelle !

Du même auteur :

Aux éditions du nouvel Athanor :

- *la vie silencieuse*, 1993 (épuisé)
- *Poèmes à Maryline*, 2001.

Aux éditions de l'Harmattan :

- *Le Mot Amen ne se prononce pas*, 2008

Ouvrages collectifs :

- *L'Athanor des poètes*. Anthologie 1991-2011, éditions du Nouvel Athanor, 2011
- *Les prémisses du siècle*. Poètes de Levée d'Ancre, éditions de l'Harmattan, 2011

À paraître aux éditions de l'Harmattan :

Ciel nourricier.

Nathalie Picard

Les chemins de transhumance

Préface
Reza Hiwa

COLLECTION POÉSIE
LES EDITIONS DU TRIPADOUR

A Reza

Nathalie Picard

La haute voie

Avec l'énergie de la harangue qui précède le chant, avec l'énergie de la cavalcade qui précède l'envol, suivre la haute route qu'empruntaient les bergers pendant la transhumance et les résistants pendant la guerre. La haute route de la poésie.

Les chemins de transhumance *sont des poèmes de plein vent.*

Je dis cela pour les avoir lus ou dits dans des endroits divers : sur la passerelle du Pont des Arts, dans un café bondé, sur un chemin de campagne, dans un hôpital psychiatrique, dans une cave à poèmes, dans un hangar, debout sur un banc, debout sur un bidon d'huile, debout : ils m'ont toujours portée. Leur force incantatoire m'a toujours soutenue. Mais quand j'avais cherché à les faire publier je m'entendais dire « trop politique », « trop romantique », « trop éloquent »...

Une version primitive, longue de deux pages seulement et titrée L'hébergé *est parue dans* les cahiers du sens 1993. *Quelques extraits d'une version proche de celle-ci sont parus dans ces mêmes* cahiers 1994, *édités par le* Nouvel Athanor, *qu'il en soit ici remercié.*

Puis le temps a passé.

Il y a des textes auxquels on reste attaché. Les chemins *sont de ceux-là. J'en ai toujours gardé un morceau en tête. C'est quelque chose qui résonne encore pour moi comme un chant d'amour à la poésie.*

Je n'ai pas patienté sans rien faire et c'est en écrivain qui a mûri que je vous présente ce texte d'un assez jeune auteur. Je le regarde maintenant avec la tendresse que l'on éprouve face à l'énergie de la jeunesse qui ne s'arrête pas pour penser que c'est en se brûlant qu'elle reprend le flambeau.

Il y a ce « je » qui vient comme une scansion, au point de pouvoir blesser quelques tympans. On entend comme il jouit d'avoir trouvé la parole et comme il tente de communiquer cette jouissance à tout ce qu'il touche. Ce « je » qui n'est pas ma voix seulement mais qui est la voix des choses qui me traversent poétiquement, la voix de l'arbre, la voix de l'oiseau, la voix de l'enfant. Ce « je » naïf qui peut s'entendre comme un cri, je vous demande de l'accueillir comme on accueille un étranger qui aurait fait une longue route pour venir à vous.

Il a fallu attendre de rencontrer Reza Hiwa et de lire sa charte[1] *pour que ce texte jamais totalement oublié me revienne à l'esprit.*

Un éditeur qui a pour premier geste de faire une charte, cela n'est pas courant. Une charte poétique et éditoriale qui n'a pas peur d'être engagée dans le monde et qui emploie, pour annoncer la couleur, des

---

1 La Charte Editoriale des Editions du Tripadour

mots comme : Homme, Pont, Ouverture, Vie... *Voilà qui me plaisait bien. Et quand on connaît Reza, on sait que derrière ces mots, il y a quelque chose, il y a quelqu'un, il y a du répondant.*

Alors oui, je m'enflamme de nouveau, et je me sens très honorée, car venant d'une terre où la poésie, ça n'est pas rien, Reza nous accueille, poètes, comme si nous en étions dignes.

Je dresse ici ma tente, je vais y faire paitre mon troupeau de mots ; pas mécontente que mon chemin un moment s'arrête là.

Ça valait bien vingt ans de quarantaine.

Reza Hiwa

Un troubadour nommé Picard

Je voulais qu'on me laisse grandir
J'ai grandi comme une plante irradiée

Une jeune femme qui à 5 ans fait sa première manif sur le balcon de chez elle, ne se soumet ni à l'irradiation ni à l'esclavage. Son choix est gravé en elle :

Il me faudra reprendre le crayon, j'en suis à présent sûre
Pour refaire ce trait qui précède les mots
J'ai voulu dessiner la forme d'un cri

4J'ai connu Nathalie Picard il y a quelques années mais je l'ai découverte en lisant la jeune femme de vingt ans plus tôt, la rebelle débordante d'énergie. Rebelle, elle l'est toujours et de l'énergie elle en a à revendre. L'élan lyrique Des chemins de transhumance *n'en est qu'une démonstration. Depuis longtemps j'attendais cette poésie, sans le savoir. Je l'ai lue comme on boit à la fontaine après une soif trop prolongée.*

Vingt ans se sont écoulés mais Nathalie n'a pas quitté la bataille.

J'ai choisi la pensée
Je pense à la souffrance.

On me disait toujours ceci : « Un jour, l'union de ceux qui souffrent donc ils pensent et ceux qui pensent donc ils souffrent nous libérera. » *Nathalie fait parti de ce complot. Crayon aiguisé en bandoulière, elle est l'exemple de ce troubadour moderne qui arpente les quartiers de banlieue, ces villages abandonnés des seigneurs, pour y semer la poésie et arroser l'espoir qui résiste.*

J'ai assisté à l'effondrement de l'homme
dans la perte d'un seul espoir

Je réponds à ces vers :

Elle cherche l'ascension de l'Homme
Dans la naissance d'un seul espoir

Et c'est plus ou moins ainsi qu'on s'est redécouvert avec l'auteur. Je théorise dans la Charte Editoriale du Tripadour *ce qu'elle défend tous les jours depuis des années : l'accès à la culture et à la poésie pour tout le monde ; la place de l'oralité dans la transmission culturelle ; la nécessité que la poésie ne soit plus intimidante... Quand elle m'offre son manuscrit me disant que la lecture de cette charte l'a reprolongée dans son texte, trop longtemps endormi, je ne savais pas quoi répondre.*

Décrire Les chemins *comme une œuvre rebelle est une réduction sémantique. Pour la première fois en Europe je trouve une poésie aux accents orientaux si forts qu'elle me faisait penser sans cesse à* Hafiz. *L'élan mystique de Nathalie qui met une distance entre le poème et la réalité pour laisser de la place à la poésie du lecteur est d'une force et d'une élégance sublimes.*

Comme les pigeons voyageurs
Qui ne sauront jamais lire le message qu'ils transportent
Nous portons en nous l'énigme
Que la vie tient scellée
Et que la mort efface.

Nathalie Picard, cette indienne de demain, *est une chance pour la poésie française, aussi bien pour sa production que pour sa diffusion. Le fait qu'elle ait choisi la maison* Tripadour *pour offrir ce bijou est un honneur. Un grand honneur.*

Ne laisse pas ta pensée se faire constituer prisonnière
Une question cruciale est en train de refaire son chemin
En notre âme et conscience
Une question d'amour.

25 Novembre 2012

Premier chant

Pour combler le trou de mémoire dont le destin
hasardeux avait chaussé mon œil
Comme la sève de l'arbre à caoutchouc
je recueille
Là où trop peu de lignes se rencontrent pour former le
dessin d'une fleur
Ce qui coule
Selon un trajet sinueux dont le doigt prendrait plaisir à
suivre les détours :
Des allégories de labyrinthes
De la joie travaillée par les remous
Des volutes de syllabes
Propitiatoires comme la fumée convulsive d'un encens.

J'ai interrogé le geste capricieux d'un fleuve
J'ai consulté les cavernes sinueuses des vers
Étudiant la science certaine de ce qui est mouvant :
Intestins, fils, chevelures, mouvements de foule
J'ai suivi le chemin de l'animal traqué.

Quittant la juste ligne pour la rejoindre plus loin après
mille détours
Ébahie, tourmentée, ensorcelée par les démons
J'ai suivi le courant d'une pensée souterraine.

J'ai voulu dormir
Pour retrouver de que j'avais perdu dans le sommeil
Est-ce la conscience ?
Sur le seuil je l'avais laissée vierge
En quel lieu trouver ce qui n'a pu s'y graver ?

Je suis partie
À la recherche du gnome endormi que je portais en moi.

Sous la surface est une autre surface
On ne s'enfonce pas dans la profondeur du courant.

Je me suis avancée sur une route de signes :
Croisements, tissages, remaillages, tamis où se filtre
l'impensable.

Comment les pensées qui ne laissent plus d'empreintes
se transmettent-elles ?

Poussée par une vague
Qui pousse une autre vague
Que pousse une autre encore
Dont nous voyons les rides.

J'ai fait mes premiers pas sur les sables mouvants
Je n'avais pas la volonté de poursuivre.

Quand le corps est devenu muet
Quand la peau est devenue opaque
J'ai découvert
Que mon regard avait gardé sa transparence.

J'ai posé un regard apaisé sur la tourmente
J'étais libre de ne pas juger.

Alors les mots m'apparurent plus proches des choses
Ils sont comme de petits relais
De petites passerelles
Car ils sont proches de nous, en vérité.

J'habite en fantaisie
Sur mes étendards, une corne d'abondance
Au fronton de mes demeures, l'enluminure du mot amour.

Là où poussent les herbes folles
Là où fermente le raisin mûr
J'ai laissé grandir ma force.

Les maîtres du calme m'ont enseigné la manière des chats au soleil
Des lézards et des animaux rares que l'on peut observer lorsque l'on sait attendre.
Comment l'on fait son miel, comment l'on fait son vin
Et d'autres choses délicieuses, lorsque l'on sait attendre.

J'apprenais la patience sans y être obligée.

Telle la matière qui se désorganise en laissant son empreinte
Tel le fossile
Quelque chose d'enclavé s'est gravé dans les mots

Ces mots dans notre chair
Enfoncés comme un clou
Autour duquel notre chair s'enroule

J'ai compris qu'il me faudra l'audace de les rassembler encore.

Je suis entrée dans le dédale

Où des fragments de chemins
Traversent et s'entrelacent
et engendrent des fragments de chemins
pour déchiffrer le message
Que seule la mémoire de gestes, des impressions
et de la succession des choses
Que seule la mémoire du corps
peut encore enseigner à ma main.

Arpenteurs de l'infini
Notre route commune commence
Où nos routes se croisent.

Nous avons côtoyé ensemble la princesse
La princesse, l'utopie, la liberté
Nous l'avons dépouillée de ses ornements et de ses pompes
Pour la reconnaître mieux.

La princesse dépouillée nous ressemble.

Amoureux de la liberté
Rebelles, hirsutes, sourciers de la fantaisie

Nous trouverons le trésor qui se cache
Le trésor est le plan qui n'a pas encore été dressé du lieu
où nous sommes.
Il s'élabore dans notre pensée
Chemin faisant

J'avance
Guidant le bœuf
Qui tire la houe

J'avance en creusant un sillon
Avec la seule force du verbe tranchant.

Je construis une digue
Je construis un canal
Je veux rendre cette terre féconde

J'y ai déposé des graines mystérieuses
De petits mots ponctués de petits silences

J'ai laissé faire l'espoir.

Dans les jardins suspendus
Je marche comme dans un rêve
À la quête d'une fleur que je rendis nécessaire
En espérant son parfum.

Je n'écoute pas la rumeur du monde
J'écoute les saisons.

Sur ma table de chevet
Au lieu d'une chandelle
Un livre veille
Un livre que l'on ne lit pas.

J'ai désappris à comprendre le sens caché des mots
Je rêve d'un livre qui soit comme un jardin :
Le jardin du poète.

Une obscure douleur de l'intuition
m'indique le moment

Ne force pas la graine à s'ouvrir en y faisant un trou m'a
dit le jardinier

L'ensevelie vivante se frayera un chemin.

Deuxième Chant

Ô joie !
Enracine-moi
J'ai rompu le sceau de l'énigme
Moi, qui ne sais pas lire dans les mystères
La parole s'ouvre comme l'abîme.

Vous ne le savez pas encore mais ne m'en veuillez pas
Je vis pour la vie
Dans les forêts, dans les sous-bois, dans les décombres de la pensée
Là où l'on arrive l'âme vide
Pour crier.

Je vis pour donner un nom à l'utopie que je porte en moi
L'imagination ne renonce pas
L'imagination nous fait découvrir des portes dans les murs que l'on ne voit pas
Elle écoute aux portes, et elle parle aux murs
Elle dit qu'on ne construit pas sa vie comme une maison, comme un abri.

Habitants-bâtisseurs de la citadelle
Je vous emmène visiter des lieux que vous auriez mieux aimé méconnaître
Des lieux de menace
Pour vous faire comprendre que ce n'est pas par paresse que l'on ne fait pas l'effort d'être comme tout le monde.

Je m'adresse à ce que l'homme tient encore prisonnier à
l'intérieur de lui-même
Je m'adresse à l'homme de demain et je lui dis :
courage !
Je lui dis : nous t'attendons.

J'entends quelque chose qui craque
Ce n'est pas la Bérézina
Ce n'est pas la débâcle
C'est le vernis qui se fend.

Non, ce n'est pas un mur qui nous sépare
Non ce n'est pas un gouffre
C'est un monde.

Je me sens vouloir grandir

Il faut oser monter plus haut
Oser voir plus loin
Oser parler plus fort
Oser se faire entendre.

Habitants de l'étrange
Terriens
Déshérités
Je vous prends à témoin
Le moule dans lequel on a essayé de nous couler
possède un étranglement.

Arrive un moment où l'on doit choisir la pauvreté de ses
moyens
car le passage est exigu
J'ai choisi la pensée
Je pense à la souffrance.

Je pense au cri des anges
C'est un cri que l'on n'entend pas
Mais qui vous glace le sang et qui vous paralyse :
« Crois moi ! »

Je sens la fêlure
Derrière l'expérience de la destruction il y a un monde
fissuré
Je suis de ce monde
Et je valse.

Nous n'avons que la pure sincérité
Elle nous enseigne un nombre restreint de gestes
qui ne nous déchirent pas.

Il y a des mots comme des sondes-gouffres

Dans la profondeur de la faille je bâtis la pile du pont.

Au commencement était la jalousie.

Depuis combien de temps
Pour nous aider les uns les autres à oublier
Sommes-nous habités par une nuée de corbeaux ?

Depuis combien de temps ?

Écoute
Cette distance entre nous c'est la mesure de mon corps
allongé si je tombe
J'ai crevé le miroir aux mensonges
Regarde-moi.

Sais-tu ce que veut dire : « éperdument » ?
Les pauvres mots ont peu de force.

Enfant, à l'église, nous devions prononcer une
énigmatique prière :

« Je ne suis pas digne de te recevoir mais dis seulement
une parole et je serai guérie. »

J'ai entendu Dieu me répondre :
« J'ai confiance en toi. »

Avec la voix cassée par l'émotion notre belle enveloppe
se déchire
Le seuil de la douleur nous avons déjà dû le franchir
sans nous en apercevoir.
Nous avons déjà recommencé à souffrir
Nous souffrons d'inquiétude.
Prisonnier de soi-même on ne s'évade pas.

Pour une fois je dis : « Venez avec moi ! »
Il faut garder le courage de franchir les barrières qui n'existent pas.

Dans le sommeil haché par la réminiscence
Entre le bœuf et l'âne
Petit cosmonaute utérin
Je m'abandonne pour laisser mon empreinte.
Ma petite colombe
On ne peut pas ouvrir éveillé les portes profondes.

Je m'approche
Enfant perçant ses premières larmes
Je plonge dans le cauchemar rouge
Dans la peur de la sangle d'étranglement.

Et si l'on se noyait ?

J'entends déjà les baleines chanter
J'entends l'appel du large.

Le temps de fermer les yeux, l'aurons-nous ?

Comme il est loin le mot consolation
Et comme il est difficile à venir le mot sollicitude.

Moi, anémone rouge
J'ai assisté à l'effondrement de la montagne
dans la chute d'une seule pierre
J'ai assisté à l'effondrement de la voûte céleste dans la chute d'un seul ange
J'ai assisté à l'effondrement de l'homme
dans la perte d'un seul espoir
Et je suis dans le grand deuil d'un monde véritablement juste.

Je veux être du côté des pas sages
« Préférerais-tu un monde sans beauté ou un monde sans bonté ? »
me demanderait le sage
Je refuse de choisir
ni si Dieu existe.

Debout au bord du gouffre
À lancer une petite pierre
Une poignée de sable
Un mauvais souvenir

J'ai vu un oiseau dans une cage en flamme
C'est un oiseau fou de terreur que nous devons sauver de la folie

À présent je sens
Ce qui s'infiltre en nous
Ce désarroi qui se dépose sur notre peau
Comme une pellicule sensible à la pression du regard.

Nous avons franchi à pied le détroit de Béring
pour suivre les troupeaux migrateurs

La dérive a laissé s'élargir entre nous une frontière liquide.

À partir du moment où le destin de nos descendants se trouve séparé
Jusqu'à celui où l'on reconnaîtra qu'ils souffrent d'un semblable tourment
Nous parcourrons les chemins de l'errance.

À la jointure de nos deux mondes il n'y a que l'union de nos deux corps
Nous venons seuls l'un à l'autre
Sans habits et sans origine.

Habitant-réinventeur du monde
Toi qui hurles encore en haut de la tour sans voir venir le jour
Écoute le bruit que font les pierres portées à dos d'homme
Les cariatides dansent.

Sur cette terre où Babel fut érigée pour être détruite selon les écritures
Quand nos mains tirées de la glaise apprendront à refaçonner le monde
ses murs et ses demeures
Déchiffreur de la mémoire fossile, sorcier analphabète, apprenti démiurge,
Que trouveras-tu à répondre aux chiens lorsqu'ils se retourneront vers toi ?

Un soleil d'encre bleu a troué le papier
J'ai vu se rompre la digue.

Je les ai vus courir en tout sens
Comme un nuage de moucherons chassés par la moisson…

Avec leurs visages d'oiseaux
Avec leurs cris d'oiseaux
Avec leurs vérités enfouies
Avec leurs désirs de devenir des dieux.
Éperdus.

J'ai vu la chair du monde se convulser enfin
Papier déployé dans le vent.

J'ai questionné la ville :
Dis-moi ce que tu attends de nous.

Habitant du dédale
Empruntant tantôt la figure du chevalier errant à la quête du pays intérieur, Tantôt celle d'un combattant, d'un mage ou d'un prophète
Habitant du désastre

Écoute
Je voulais qu'on me laisse grandir
J'ai grandi comme une plante irradiée.

La croissance de la ville ressemble à celle des arbres.
À l’intérieur du baobab
Qui ressemble à une grotte
Le vieux monde s’écroule

J’habite un arbre creux
Avec les fantômes.

Troisième chant

Ouvre l’étroite porte de la bonne fortune
Un peu de réconfort
Nous ne soumettrons pas notre regard au supplice de la serrure.

Je ne fais pas partie de ceux
qui veulent accéder à la porte du ciel
en la dessinant mentalement
pour savoir où frapper.

Moi, je suis sculpteur de volutes attaché au cerveau.
Pour la curiosité de la chose
J’évoquerais, remontée de profondeurs où un remous l’avait entraînée
Cette gueule de chimère qui ressemble à nos peurs englouties.

Messager clandestin de notre révolte intestine
Petit mammifère sans coquille
Qui vient à la vie en cherchant à faire une fracture
Faisant de sa pensée un bec

Cherchant à éclore
À la manière d'un oiseau
Ou peut-être d'une fleur
Un monstre
Menace de faire éclater mon crâne
Un monstre de sensibilité.

Compagnons de surface
Nous n'interrogerons plus, à travers nos gestes, la terreur de leur enracinement.

Je déteste ce piège, cette pression, cette menace, cette obnubilation à vouloir faire sortir de nous-même une certaine sorte de vérité troublante.

Je me demande pourquoi nous nous acharnons tellement à vouloir nous saisir de l'élément qui va servir à nous disjoindre.

Nous grandirons un jour

L'avant-garde est tombée.
Nous, fer de lance
Sommes restés les enfants de la poésie.

Quand je pense aux millénaires qui transformèrent la géométrie des continents
Je sais que nous aurons besoin de bien du temps.

Nous nous retrouverons sans plus rien de commun avec nos frères
Nous, les indiens de demain
Le corps des animaux parle le même langage que nous.

Faudra-t-il que tout cela s'achève avec les mots-masques

Quand ceux-là s'abattront.

Moi je travaille à la reconstruction d'ailleurs
Dans cette chambre élastique voilà pourquoi nous nous sommes réunis
Pour reconstruire dans l'aisance du rêve la topographie impossible de la cité radieuse
La ville.

On ne peut pas lutter seul contre la force du monde
L'habitude nous apprend son langage
J'ai dit non à la violence
Puis je lui ai dit oui
J'ai mis le feu aux poudres
C'est la marée montante.

Dans le vert de la forêt profonde
Comme des frères et sœurs
L'absolu, nous l'avons.

Exactement à cet endroit là
Exactement pour cette raison là
La vraie vie est là
À présent qu'elle s'échappe.

Sang-dragon
Marais de sel
Éponge de langage.

Le motif
Inscrit à la craie sur le sable
Est en train de vouloir s'effacer.

Nous inscrirons nos noms au grand registre des âmes perdues.
Frères ours, mes amis d'espérance et de désespérance
Comment, lorsque l'on confronta l'idée d'un oiseau
Avec celle d'un caillou
Nous vint l'idée de la fronde ?

Homo sapiens sapiens
À travers les broussailles
Nous nous sommes frayé un chemin d'écorchures.

On nous a enseigné
La loi du plus fort
La force du plus juste
L'amour du plus délaissé.

Mais on nous a menti :
C'est la force du plus fort qui règne
Contre la justice du plus juste.

Ne laisse pas ta pensée se faire constituer prisonnière
Une question cruciale est en train de refaire son chemin
En notre âme et conscience
Une question d'amour.

Elle fait fondre notre soif d'absolu

Elle fait respirer notre enveloppe

Et peut-être que
déçus, reclus et solitaires
en consume-t-elle quelques-uns dans le secret.

Il faut faire fondre la méduse.

Avons-nous ignoré l'usage des mots d'amour
et leur vertu apaisante sur le corps ?
Nos mains avaient inventé d'autres manières de le dire.

Il me faudra reprendre le crayon, j'en suis à présent sûre
Pour refaire ce trait qui précède les mots
J'ai voulu dessiner la forme d'un cri.

Angoisse sournoise ou rage d'exister

J'ai parfois la volonté de me perdre à la tâche
De passer tout par ce vouloir là.
Ne pas oser dire pourquoi c'est à ce point nécessaire
Je ne m'en expliquerai peut-être pas.
C'est une motivation blessante qui taraude mes veines
Et je n'ai même pas envie que cela cesse
Il me faut un livre blanc sous la main
Pour continuer d'écrire.

Dans la forme de mon écriture
Quelqu'un saura peut-être voir
Déployée comme une fougère arborescente
La forme de mes poumons-pigeons-paon
Fleur éclose de mon arbre à perruque.

À l'oiseau porte-plume j'ai arraché une patte avec laquelle j'ai tenté d'écrire.

Pauvre bête.

Je fais appel à la loi secrète des hommes
Qui a été bafouée.
Nous y avons cru
Nous l'avons crue noble, grande, vigile
Presque immortelle
C'est pour ça que nous nous sommes courbés.

Cette idée qui germe ne servira pas à colmater le monde.

Homme gardien du vide
Homme gardien de l'ombre en plein midi
Il faut fixer ton esprit comme on fixe les dunes de sable :
En y plantant des arbres
Des arbres de la connaissance.

À l'arbre à questions j'ai demandé :
- Qu'y a t-il ?
- Je suis un arbre piège, m'a-t-il répondu.
Ce que tu veux apprendre de moi est écrit dans le tourment de mes branches.
Tu ne saurais défaire les nœuds qui sont inscrits dans le bois.
- Et le feu, et la cendre, et la renaissance, lui ai-je demandé.
- Reste fier, m'a-t-il fait comprendre, c'est la puissance de la vie qui nous tourmente.

À l'arbre à question j'ai demandé encore :
- Qu'y a-t-il ?
- Il y a un cadavre.

Narcisse ne s'était pas noyé.
Il nous guide à l'intérieur de nous-mêmes
par une porte éloignée des gardiens.
À l'heure où
à l'endroit des mots engloutis dans nos mémoires la gerce s'ouvre
Le nœud éclate.

Oui, nous entrerons dans le monde
Dans ce monde qui oublie, qui pardonne, qui ne comprend pas
Et qui trouve toujours le moyen d'exercer sa violence.

J’entends siffler le lasso au dessus de ma tête
Ils ont marché sur mon ombre
Ils trouvent cela normal
Ils veulent m’apprendre je ne sais quoi
Je ne me laisserai pas faire.

Enfant de la résurgence
C’est le moment rêvé
Je te montrerai l’endroit de la fontaine-Vaucluse.

Quatrième chant

Voyeur de l'invisible
Pose ta main fraîche sur mon front brûlant
Nous ne serons pas trop de deux
À ne pas savoir pourquoi nous avons atteint la certitude
qu'il n'y a pas de victoires

Il faut prendre patience.
Ce qui ici veut dire : prendre confiance.

Dans le paysage de nos corps retrouvés confondus
La nature est docile
Dans mon dos coule un torrent de petites pierres
Et dans mes bras une chaleur vaporeuse de mousse et de voiles.

Dans le dessin d'enfant apparaît l'arc-en-ciel

Voici l'arbre de la généalogie
Voici l'arbre de l'identité nouvelle.

Des pierres-branches
Me sens pousse-grandir
Reverdoyant été.

Et l'osmose fait le reste
Comme le café mêlé à l'eau
Ce que l'on nomme : arôme.

Dans l'espace d'un continent plus grand
Où le sang se mêle
Qui n'écoute pas l'oracle du sang versé
Sous l'arc
Ou sous l'arceau protecteur
L'amant glorieux et l'amante
Sont passés ensemble
Lumière et non lumière.

Nous emprunterons le chemin de la connaissance amoureuse
J'entends les chants de transhumance.

Nous avons survécu au gel
Avec modestie
Quand les pierres se fendirent.

Quand nous avons compris que ce n'était pas
Entre ce qu'on aime et ce qu'on n'aime pas
Qu'il nous fallait décrire une frontière
Mais au cœur de tout
Nous avons survécu.

Nous avons survécu à l'immobilité
Quand la conscience, braise appuyée
Faisait un trou
D'où la mémoire jaillit brûlante
Avec la violence subite d'un cri.

La plaine est en train de renaître
Distendue entre les pôles
Avec cette frontière troublante.

D'un côté sont les mots
De l'autre sont les corps.

Dans la profondeur de la couche
L'homme et la femme se ressemblent
En oubliant pourquoi
Ils ne font qu'un seul corps
Dans la jouissance.

C'est le corps de l'enfant de demain
Il ne porte pas de nom.

J'ai chuchoté à voix basse
L'incantation du « Je t'aime. »

Je ressemblais aux forêts
Aux villages, aux souterrains enfouis
Aux pays qui n'existent plus.

Le temps s'effondre quand nous nous abandonnons.

Nous sommes deux questions qui se rejoignent :
- Qui es-tu ?
- Qui es-tu ?

Je suis l'homme
Je suis la femme

Comme les pigeons voyageurs
Qui ne sauront jamais lire le message qu'ils transportent
Nous portons en nous l'énigme
Que la vie tient scellée
Et que la mort efface.

Je pense au lever permanent du jour sur notre planète

Dans les décombres

Je pense aux feux tournant des phares dans la nuit

Nous sommes des naufragés
Qui au lieu d'un radeau
Ont taillé une idole
Dans le bois ramené par la tempête.

Je pense à la terre promise que nous avons rêvée

Nous sommes des étrangers

Ce château que nous avons bâti, ces tunnels, ces remparts
Est un château de sable.

Cinquième chant

Tu es libre à présent !

Destin ironique
La liberté a été si longue à venir
Il me semble que j'en attendais autre chose.
J'y songeais comme à un droit naturel
Et elle me pèse comme une faveur exorbitante.
Je m'étais imaginé que ma liberté serait capable de changer le monde.
La liberté n'est peut-être pas ce que j'avais imaginé
Peut-être qu'il n'y a pas de liberté sans justice
Et pas de justice sans mémoire

Peut-être que je ne suis pas libre

J’ai peur de l’irrémédiable
J’ai peur, comme chaque fois, comme si j’allais au devant de la découverte de la peur même.
Sommes-nous prédestinés ?
Sommes-nous appelés ?
Ou seulement perdus dans le temps ?

Indéterminée
Indéterminée comme le dé qui roule
J’attends pour choisir
D’être capable de ne plus tricher.

Je pense à l'oiseau qui s'envola et à l'oiseau que l'on a tenu prisonnier.

Oui, j'aurais bien aimé être un enfant sauvage.

« Donnez-moi une pierre
Donnez-moi une feuille
Donnez-moi un sourire
Donnez-moi une chance »
dit l'enfant.

J'ai un grand arbre malade dans le corps
Je crois bien qu'il a attrapé la maladie du goudron
Et la fièvre monte comme une envie de froid
J'ai une maladie de la frontière.

Ne me réveillez pas
Que personne ne vienne résoudre l'énigme avant que je ne la pose
Que personne ne vienne répondre à la question avant que je ne l'invente
Je veux avoir le droit à la première évidence

J'avance sur un chemin qui n'existe pas encore.

À ma connaissance il n'a pas encore été prouvé qu'à marée basse
Ce soit réellement la mer qui descende et non
comme cela me paraît probable, la terre qui monte.

Moi, je ne bouge pas.

Mais, comment pourrais-je l'oublier
Je ne sais pas nager dans les sables mouvants.

La marée m'enseigne des noyades expertes dont je reviens sans cesse à moi, la peau brûlante et la peau vive.
Je sais, je sais, je sais, je sais.

On ne peut pas détruire le néant
Mais on peut construire sur le néant
Marcher sur le vide
Ne pas sombrer dans la folie
Ne pas rester piégé dans un univers que l'on croyait fini.

La peur peut croître un peu
La vague me submerger
Je ne céderai pas à la tentation de faire usage de magie
Je n'aurai que les mots
Comme pierres suspendues
Sur mon chemin de vertige.

Chaque pierre où je marche
Chaque pas où j'avance
Est désir d'exister
Et de coexister.

Je marche les yeux de la conscience bandés
Pour ne pas projeter sur cette terre vierge
Des choses qui n'y sont pas
Mes bras d'aveugles tendus devant
Comme si j'allais plonger.

Errance et doute font partie du chemin que nous devons suivre
Même en amour
C'est la peur qui me pousse
La peur de perdre pied
Qui fait que j'ose plonger
Plonger en moi
Plonger vers toi.

Au risque de devoir traverser une seconde fois
Cet écran de flamme
Cet écran de folie
Cet écran d'opacité
Pour voir
Que tout cela n'est plus.

Dieu parait-il inscrit secrètement notre nom sur une pierre que l'on découvre à son heure.
Tu es ma pierre blanche, mon amour, qui m'appelle par mon nom.
Ta présence m'apprend le nom imprononçable par lequel Dieu a voulu me nommer
Mon Amour
Ma Rage
Ma Peste.

Il ne suffit ni de gravir ni de dévaler

Mais de la plaine non plus, il ne suffit pas
Non plus du désert
Ni la traversée, ni l'harassement
Ni le courage de perpétuer la route.

Nous, les hommes
Descendants des descendants des descendants
Nous les hommes-cascades
Nous nous sommes relayés depuis le commencement
Sans savoir de qui, ni de quoi, sera fait demain.

Sur cette table rase, venteuse
Quand ma pensée s'enfonce tranquillement dans l'ennui
Quand trop plein de silences ensevelit mes mots
Quand l'ombre se pose sur moi
Quand je perds le jour, le ciel
Dieu sait quel feu sous la cendre.

Je n'ai, pour prier
Au plus profond de mes entrailles
Qu'un cri
Qui nomme impuissant Dieu
Amour, Rage, Peste
Et je ne sais même pas
Que c'est moi que j'appelle
À surgir du néant.

C’est le chemin de la grâce que je poursuis
Mais elle ressemble si peu à l’idée qu’on s’en fait
Que je l’ai croisée sans doute sans l’avoir reconnue
C’est ainsi qu’affligée de tout comme dans l’évangile :
Mendiante, aveugle, pauvre et paralytique
Je me tiens immobile
Et que je prie pour être touchée par la grâce
Au point de la reconnaître.

Alors seulement faire vœu
De construire quelque chose qui pourra tenir debout
Non une maison ou un abri
Mais une chapelle intime
Un lieu de prière qu'on porterait en soi
Où est écrit en lettres pures le mot Merci
Merci d'être vivant
Et de pouvoir marcher
Sur des chemins qui ne s'achèvent pas.

Dans le calme de la maison de l'esprit
Qui n'est pas au bout du chemin mais qui est le chemin
Où l'on pardonne, où l'on guérit
Sans attendre d'être au paradis pour voir la lumière.

Je ne compte pas retrouver ce qui a été perdu
Mais concevoir ce qui a été concevable.

J'écoute cette vague lente qui me soulève comme on respire.

Marée retenue prisonnière du ventre
Ma nature insoumise
Me donne le besoin d'une ligne d'horizon.

J'ai fait tant de ratures
J'ai fait tant de reprises
Opéré tant de retournements

Que la pensée pleine d'écorchures
La mémoire entrouverte
Et les mains trop sensibles pour prendre

Ce qui éclate encore à l'intérieur de moi
Ne ressemble plus à une tempête
C'est une chose lente comme un bourgeon.

C’est qu’à l’intérieur de moi
Mon cœur cherche à ouvrir des chemins nouveaux
Mon cœur blessé et couronné d’épines
Comme est tout cœur vivant
Heureux de vivre malgré tout.

Si difficile soit-il
De se voir retirer l'appui
Sur lequel on allait marcher
La conscience doit accepter son propre égarement.

Si l'esprit quitte la matière, en mourant
C'est peut-être pour mieux la rejoindre
Pour mieux la féconder
Par le rêve, probablement.

Lorsque le sommeil vint
Et que passa le marchand de sable
J'ignorais que j'étais moi aussi
Un fabricant de sable
Un jeteur de poudre
Et un fauteur d'oubli.

Cette fleur que j'ai tant cherché à voir éclore
Est une rose des sables
Elle n'a pas de parfum
Mais façonnée à l'intérieur des dunes par les
mouvements du vent
Elle est faite pour durer.

C'est une rose des vents
Une fleur sans racines
Un talisman
Qui protégera nos mémoires.

Je suis née le 11 octobre 1962,

dernière d'une fratrie de six, élevée comme on tourne une page. J'avais 5 ans en mai 1968. Je ne savais pas écrire et j'avais cru qu'on était à cette époque de l'histoire où on allait abolir l'école, comme on avait aboli l'esclavage. On dansait sur le balcon en chantant « les manifs, les manifs ! » *Ce rêve fut de courte durée.*

L'écriture m'a rattrapée à l'âge de 25 ans. Elle ne m'a plus quittée depuis.

J'aime dans la poésie l'oralité. J'ai participé à de nombreuses lectures publiques. J'ai écrit pour des musiciens, des danseurs et des peintres. Certains de mes textes figurent dans des catalogues d'exposition. J'ai participé, depuis ses débuts, il y a plus de vingt ans, à la revue « les cahiers du sens ». *J'ai publié à ce jour trois recueils de poésie.*

J'exerce le métier de kinésithérapeute.

Déjà parus dans la même collection

Cœur Sauvage, *Juliette Tourret, Juin 2012*
Rêve et Châtiment (Sogno e Castigo), *Reza Hiwa, Juin 2012*

Déjà parus dans d'autres collections

Caprice du Soleil, *Reza Hiwa, Collection Bimbadour, Nov 2012*

Achevé d'imprimer par Corlet Numérique
14100 Condé-Sur-Noireau
N° d'Imprimeur : 92941, dépôt légal : Nov 2012
Imprimé en France